AF319138

1642

1642

L'ANNEXION

DE

LA SARDAIGNE

PAR

GEORGES LAVIGNE

PARIS

ARMAND LECHEVALIER, LIBRAIRE-ÉDITEUR

RUE DE RICHELIEU, 61

—

1866

A mon ami Paul BEURDELEY

Te auctore facta et edita.

PRÉFACE

Je te suis inconnu, lecteur; mais sache-moi gré de m'être nommé, sache-moi gré de n'avoir pas dissimulé ma petite et obscure personnalité derrière le voile prétentieux et grossissant de l'anonyme. Ceci est d'une plume jeune, inexpérimentée, hâtive, trop pressée ou trop paresseuse pour relire et raturer; mais, c'est de moi, et tel quel, bien ou mal, médiocre ou mauvais, ne m'a été soufflé par personne.

L'ANNEXION

DE

LA SARDAIGNE

I

La Prusse et l'Italie annexent. La France annexera-
t-elle. Va-t-elle demander des compensations contre l'agran-
dissement de ses deux immédiates et puissantes voisines ?
Aura-t-elle fait l'unité italienne, se sera-t-elle créé de ses
propres mains une rivale redoutable dans la Méditerranée
sans prendre contre elle quelques précautions de défense
d'intérêt national ? Laissera-t-elle la maison de Hohenzollern
remplacer la maison de Hapsbourg et rétablir à son profit la
suprématie en Allemagne que la politique française avait
toujours combattue dans l'Autriche ? Et maintenant qu'une
Allemagne prussienne s'étend de Saarbrück à Kœnigsberg
pesant de tout son poids sur notre frontière du nord-est,
la satisfaction qu'une partie de la presse française ait con-
tribué à ce beau résultat, qu'elle ait dans cette œuvre anti-
nationale sa part d'action et de responsabilité, cette satisfaction va-t-elle nous suffire ? Les insensés ! Attardés d'un

siècle dans leur politique rétrospective, embourbés dans un passé dont ils poursuivraient l'ombre, ils ont continué de voir dans l'Autriche l'ennemie séculaire comme si elle était toujours aux Pays-Bas, comme si elle avait encore l'empire en Allemagne, comme si la première condition pour être ennemis n'était pas d'être voisins. Cette condition, la Prusse et l'Italie la remplissent à merveille, et cependant par haine de l'Autriche on a poussé aux roues du char triomphal de deux puissances qui peut-être seront nos ennemies demain et dès aujourd'hui sont nos rivales. Par haine de l'Autriche, on nous a placés dans la situation qui vient de lui être si fatale, pris, emboîtés entre l'étau de deux grandes puissances naturellement alliées, puisqu'elles ne sont pas voisines et n'ont pas un seul intérêt contraire. Nous l'avons, notre Prusse, au Midi. Non pas une Prusse, c'est une Angleterre dans la Méditerranée, et qui si nous n'y prenons garde, nous battra dans cette mer comme celle de la Manche nous a battus dans l'Océan. La nature a armé l'Italie contre nous, armé jusqu'aux dents; contre nos côtes de Provence elle oppose une ligne ininterrompue de trois cents lieues; contre notre jeune Algérie, elle a la Sardaigne, qui par Cagliari commande notre colonie. C'est là que l'Italie nous menace et que nous devons la désarmer. Car heureusement, elle n'est pas quitte encore envers nous ; il ne lui suffira pas de refuser la Vénétie de nos mains après en avoir accepté la Lombardie avec reconnaissance ; la permission de la France ne lui a pas été inutile à elle et à son alliée la Prusse. Comment vont elles récompenser notre neutralité attentive? A laquelle des deux puissances

allons nous demander des garanties? Qui nous les donnera?
Sera-ce l'Italie! Sera-ce la Prusse?

La Prusse dans l'enivrement de sa victoire, dans la joie
de ses conquêtes, du riche butin qu'elle vient de faire en
Allemagne, serait généreuse. Peu lui importerait, conqué-
rante de royaumes, de nous laisser sur le Rhin quelques
villes à elle et quelques villes à son voisin. Mais la Prusse
n'est pas seule; derrière la Prusse, il y a l'Allemagne.
L'Allemagne qui saigne encore de la blessure que lui a faite
la conquête de l'Alsace et qui ne s'est pas cicatrisée depuis
deux siècles. De nouvelles annexions raviveraient cette plaie
qui n'a jamais cessé de saigner au cœur des populations
de l'Allemagne du Sud, celles qui nous sont justement le
plus sympathiques. Serait-il politique, serait-il prudent, pour
quelques lambeaux de territoires, de s'attirer l'inimitié d'une
grande nation offensée dans son intégrité et dans son honneur? Le haussement d'épaules, le mouvement de tête in-
digné que nous avons quand on nous parle de conquérir
l'Alsace, l'Allemand l'a aussi quand on lui parle de frontières
du Rhin. Et qu'est-ce que frontières du Rhin, frontières
naturelles? Nous laisserons-nous toujours duper aux mots et
aux phrases; après avoir gobé le principe des nationalités,
allons-nous gober celui des frontières naturelles? Sans
doute la France ou plutôt la Gaule a pour limites, comme
le disait Strabon, le Rhin, les Alpes, les Pyrénées et la mer.
Mais tout ce territoire est-il français, est-il seulement gau-
lois, et pouvons-nous le revendiquer tout entier comme le
champ, comme l'héritage de nos pères? Dans tout son
cours, presque dans tous ses affluents, le Rhin est allemand;

l'Alsace n'est française que depuis 200 ans, et par la
politique, par la volonté, par le cœur qu'elle a énergi-
quement d'être française, de race et de langue elle est
encore germanique. Et pourtant c'est vers cette rivière
que depuis trois siècles nous nous précipitons toujours, tête
baissée, comme un taureau qui a soif, et dans notre élan
sauvage, il a souvent été difficile d'arrêter ce dur coup de
corne. Toujours nous avons reculé, toujours nous sommes
revenus. Depuis deux siècles nous n'avons rien gagné sur
le Rhin. La République l'avait atteint d'un bond : l'Empire
l'a perdu et nous a ramenés en 1814 et 1815 en deçà des
frontières de la vieille monarchie, laissant aux mains de
l'ennemi nos avant-ports, Luxembourg, Saarlouis, Landau.
Faut-il les reprendre au prix de guerres continuelles, de
ligues, de coalitions, qui sont l'éternelle histoire de chacun
de nos progrès, de nos envahissements sur cette frontière
depuis Richelieu jusqu'à Napoléon? Non, nous n'y pouvons
plus revenir, nous nous y sommes nous-mêmes fermé le
le retour. Comment? par nos bienfaits : la Révolution avait
nettoyé les provinces rhénanes de leur aristocratie féodale
et monacale, sous laquelle grouillait tout un peuple de
mendiants et de paresseux, elle avait fait place nette :
l'Empire lui a donné le Code, qui y est resté. Ils ont nos
institutions, nos lois civiles; que peuvent-ils désirer à notre
conquête? Rien. Ils y perdraient leur langue et leur nationalité. Et ce sont des biens qu'un peuple fier chez lequel
nous avons nous-mêmes développé la vie politique ne con-
sent jamais à perdre. Je ne veux pas dire que nous n'aurions pas pour une semblable annexion l'agrément de la

Prusse : quoi que nous lui demandions, elle ne nous le re-
fuserait pas ; au contraire. Mais je suis comme le Troyen.
Timeo Danaos et dona ferentes. La Prusse ne nous accordera
rien aujourd'hui que dans la pensée de nous le reprendre
demain, de devenir contre nous l'épée de l'Allemagne, et de
ressaisir par une guerre nationale son influence compromise
par une guerre civile. Victorieuse, ce serait un apothéose ;
vaincue, un deuil national. L'Allemagne tout entière avec
elle pleurerait sa défaite et Blücher réhabiliterait Bismark.
Voilà ce qu'espère aujourd'hui le parti gotharien en Allemagne, le parti prussien beaucoup plus hostile à la France
que l'Allemagne du Sud ; il sait tout ce qu'une pareille ces-
sion aliénerait de cœurs à la Prusse ; il nous hait tellement
que même à ce prix il voudrait une guerre contre nous, car
il nous méprise assez pour croire qu'il pourrait nous la
reprendre et l'arracher de nos griffles. Annexion aujourd'hui,
guerre demain. Ne tombons pas dans ce piége, soyons plus
spirituels qu'ils ne sont méchants ; le meilleur tour que nous
puissions jouer en ce moment aux gallophobes d'outre-
Rhin, c'est de nous retirer les mains vides ; ils seront fu-
rieux, car cette preuve de désintéressement, de respect
pour la grande nation germanique, nous sera payée par la
reconnaissance de tous les vrais libéraux de l'Allemagne et
nous rendra un appui plus solide que la meilleure annexion.
Que seraient trois, quatre villes, que serait un bourrelet de
cinq à six lieues pour notre frontière du Nord ? Lui don-
nerait-il une grande force ? Ah ! l'on peut raser toutes les
forteresses, depuis Metz, depuis Strasbourg, jusqu'à Paris,
jamais peuple n'aura dans les ouvrages d'art et dans la

nature plus solide frontière que cette vaste plaine ouverte. C'est le cœur de la France; c'est là qu'elle vit, qu'elle travaille, qu'elle pense et qu'elle combat quand on l'y menace. C'est là, depuis le jour où dans Jeanne Darc la nationalité française prit conscience d'elle-même, que se sont accomplis les événements décisifs de notre histoire, que s'est toujours livré le combat de notre vie et de notre mort. Là qu'est Malplaquet, Denain, les défilés de l'Argonne, Valmy, l'épopée militaire et populaire de la campagne de France, nos victoires et nos défaites plus belles encore; là que s'est levée l'aube radieuse de la grande lutte; là que son coucher de soleil a jeté ses dernières et tragiques lueurs. Cette frontière est solide, elle a fait ses preuves; l'ennemi peut revenir, conquérir toutes ses villes, tous ses villages, mettre garnison partout, jusque dans les fermes et les maisons isolées, jamais il ne pourra dire qu'il est maître; un beau jour un orage de colère et de patriotisme emporterait tout.

N'allons pas altérer notre race de frontières en la mêlant à des éléments étrangers, indifférents, hostiles; ne compromettons pas par un alliage ce dur, ce solide métal sur lequel se briseraient les marteaux de l'ennemi. Pour enrichir l'or, on n'y jette pas du plomb. Ce n'est pas là qu'il faut fortifier la France, car ce n'est pas là qu'elle est faible; si toutes ses parties étaient aussi fortes, même en 1814 nous n'aurions pas été vaincus, elle aurait pu soutenir le poids de l'Europe; ce n'est pas la sainte alliance des rois et des peuples qui lui eût fait plier les reins. Mais la France est boiteuse : appuyée fortement sur le Nord, où elle a sa capitale, où l'intensité de l'énergie nationale a développé le travail et la richesse, elle chancelle sur le Midi pauvre et peu peuplé. C'est ce qui explique pourquoi Paris, la ville du Nord, son centre où il vit, où il pense, où il respire, a toujours entraîné la France. Ce n'est pas affaire de centralisation seulement ; la centralisation impériale romaine s'est transportée de Rome à Constantinople. On aurait, en 1814, transporté le siége du gouvernement à Lyon, à Bordeaux, cela n'eût servi de rien ; la défaite consommée, Paris était pris, Paris qui était plus qu'une ville, l'idée de la France et de la Révolution. Quand l'ennemi y est entré, tous les défenseurs de l'idée étaient tombés, l'enceinte des vaillants départements, des belliqueuses provinces qui l'entouraient, forcée, franchie ; c'étaient eux qui, avec Paris, avaient fait la Révolution, qui l'avaient défendue contre l'ennemi du dedans et l'ennemi du dehors, contre l'Autriche, la Prusse et l'Angleterre, contre Lyon, le Midi, la Bretagne et la Vendée. Eux vaincus, la France l'était tout entière ; car le reste était sans idée ou son idée était hostile. Pendant qu'on combat en Champagne, Bordeaux acclame le duc d'Angoulême, puis c'est Nîmes qui lâche la terreur blanche. Voilà la faiblesse de la France, la cause de son apparente centralisation, le Nord emporte le Midi ; mais, dans les grandes crises, ce fardeau qu'il traîne pèse lourd, et il peut couler le nageur. C'est un défaut d'harmonie, d'équilibre, auquel il faut porter remède ; c'est peut-être notre plus grand intérêt national, car le jour où le Midi marchera du même pas que le Nord, dans ses limites actuelles, la France sera invincible, elle aura doublé sa puissance ; vaincue dans le Nord, elle continuerait, elle recommencerait la lutte dans le Midi, si favorable à la guerre défensive. Alors on pourrait, comme Barbaroux et comme Roland au moment d'une guerre européenne, considérer nos lignes successives de défense et songer à les disputer toutes : d'abord les fleuves du Nord, puis les montagnes du Midi, et l'on ne perdrait pas courage tant qu'on ne serait pas forcé dans la dernière enceinte. Car, vaincus partout, acculés aux Alpes de Provence ou aux Pyrénées de Béarn, les derniers défenseurs du sol national auraient la conscience que l'immense territoire qu'ils ont défendu pied à pied est vaincu, non conquis, et qu'un seul coup heureux, une seule victoire, suffirait pour écraser un ennemi auquel un soulèvement universel couperait immédiatement toute ligne de retraite.

Fortifions le Midi : aussi bien c'est là que vont nos destinées. On parle de frontières naturelles, et j'ai cité Strabon. Histoire ancienne! Notre frontière au midi, ce n'est plus la mer ; c'est le grand désert ; à l'est, ce ne sont plus les Alpes, mais la régence de Tunis ; à l'ouest, le Maroc. Cette expansion de la race française au midi est la meilleure condamnation de ce système des frontières naturelles, qui parque une population dans une enceinte et lui défend d'en sortir ; car si l'on sort de ses frontières naturelles, on entre dans les frontières naturelles de son voisin, et le système devient une prison. Principe fataliste en désaccord avec nos idées, en contradiction avec l'histoire, et qui prétend assujettir l'homme à la terre, le faire esclave de la nature, que sa gloire est de dominer. Que signifie un fleuve, une montagne? De pareils éléments ne constituent pas une nation, de pareils éléments ne constituent pas un droit. On ne trouvera pas en Europe, hormis l'Angleterre, une nation ayant ses frontières naturelles; on n'en trouvera pas une qui ne les ait dépassées. Nous n'avons pas atteint nos frontières naturelles au nord, soit, dépassons-les au midi, cela fera compensation. Nos frontières du Rhin, nous les avons conquises sur la Méditerranée; ne pouvant continuer la Lorraine et l'Alsace sur le continent, nous avons continué la Provence et le Languedoc par delà la mer : la table était devenue trop étroite pour la grande famille française; la place était prise au nord, on a jeté une rallonge par delà la Méditerranée, et l'on a dressé la table en Afrique. Hélas! ce n'est pas la volonté réfléchie qui nous y a conduits, c'est un hasard, hasard plein de mystère. A quoi n'a pas tenu que nous ne l'ayons manquée! C'est le dernier des Bourbons, de cette vieille maison capétienne qui avait fait l'unité de la France, et dont l'existence s'était identifiée avec celle de la nation même, qui, au moment même de partir, de retourner pour l'exil, laisse à la patrie comme héritage, comme dernier adieu, qui recommande et qui amnistie sa mémoire, Alger et 200 lieues de côtes dans la Méditerranée. Ainsi, quand Louis XV venait de signer ces honteux traités de 1763, plus désastreux encore pour la France que ceux de 1815, ces traités qui livraient l'Océan à l'Angleterre, qui nous ravissaient l'Inde, le Canada, l'Ohio, la Louisiane; dans cette débâcle de la grandeur française, une heureuse idée de Choiseul, hardiment exécutée, nous donnait la Corse et semblait convier la France à chercher la réparation de tant de désastres et à rétablir les fondements de sa grandeur future dans la mer où elle ne rencontre plus de rivale, la Méditerranée.

Hasard mystérieux ! Problème digne d'éveiller la curiosité et l'attention de l'histoire. Les mêmes mains défaillantes qui avaient laissé tomber de la couronne de la France son empire d'Amérique et son empire d'Asie, semblent vouloir nous donner, en compensation de ces désastres, l'Algérie, l'Afrique, la Méditerranée. Saurons-nous comprendre ?

Ce n'est plus le Rhin, c'est la Méditerranée que nous devons viser. Ayons les ambitions de notre époque, et ne nous traînons pas servilement sur les traces de Richelieu et de Louis XIV. Autres temps, autre politique. Ne visons plus Mayence, Coblentz et Cologne ; visons Alger, Tanger Tunis ; un fleuve n'est pas assez pour l'ambition d'un grand peuple, une mer seule doit lui suffire. Et quand le Rhin serait allemand, que nous importe si la Méditerranée devient française ? Elle le deviendra si nous savons comprendre, si nous savons vouloir. Déjà deux cents lieues de la côte d'Afrique sont françaises de par l'Algérie. Hélas ! elles sont désertes. Nous n'avons pas compris encore que le grand intérêt de la France, la question vraiment nationale, était à présent, non pas la question d'Orient, encore moins celle des frontières naturelles, mais la colonisation de l'Algérie. Au lieu d'en faire un champ de culture, de colonisation, nous en avons fait un champ de bataille et un champ de disputes. Tous les gouvernements, toutes les administrations qui se sont succédé sur son sol ont été d'accord, unanimes sur un point : ne pas livrer la terre au Français, à l'Européen. Aussi l'Algérie est vide.

Ouvrirons-nous les yeux ? comprendrons-nous enfin ?
Nous déciderons-nous à faire volte-face du Rhin vers la
Méditerranée? Allons-nous renoncer. aux pauvres petites
stériles annexions du Nord, aux conquêtes de brins
de paille européens, quand la vaste Afrique, la féconde,
inépuisable, infinie barbarie nous est ouverte? Allons-nous
continuer de vouloir nous grandir nous haussant sur la
pointe du pied pour atteindre un centimètre plus haut sur la
carte, grossir et contorsionner comme la grenouille qui
veut se faire bœuf, quand en laissant seulement croître nos
jeunes épaules algériennes nous sommes sûrs avant vingt ans
d'avoir fait crever nos frontières de Tunis et de Maroc et de
sentir sur elles, dépouillées de leurs haillons d'Afrique,
frémissantes et nues, le baiser de la Méditerranée et la ca-
resse de l'Océan.

Magnifique bassin de la Méditerranée, berceau de la civilisation ! route future, demain peut-être du commerce du
monde, quand Lesseps, imitant Hercule qui arracha l'Afrique de l'Europe, aura séparé l'Afrique de l'Asie, et, comme
le demi-dieu l'ouvrit l'océan Atlantique, l'ouvrira l'océan
Indien. Désormais, les destinées de la France, la question
de sa grandeur, vont s'agiter dans ce premier bassin de la
Méditerranée, enfermé entre l'Algérie et la France, l'Italie
et l'Espagne, dont l'Angleterre, par Malte et Gibraltar, a
les deux clefs. Là, du fait de la conquête de l'Algérie, du
fait de Lesseps, du fait de la grandeur de Marseille, qui
n'est encore qu'à ses débuts, et ne fait que naître à l'avenir
immense qui l'attend, là s'agitent nos plus grands intérêts; là convergeront le commerce et la navigation de

la France. Malheureusement, dans cette mer où aucun peuple, ni Anglais, ni Espagnol, ni Italien, n'a d'intérêts aussi considérables, aussi vitaux que les nôtres, nous sommes le moins protégé. L'Algérie n'a pas une position militaire. Marseille, notre grand port, est au fond du bassin, entouré d'ennemis. Tandis que le navire italien, revenant d'Orient pour Gênes ou Venise, une fois arrivé à la Sicile, n'a plus qu'à longer la côte où partout il trouvera protection ; tandis que le vaisseau espagnol, de Cadix à Barcelonne, peut aussi côtoyer ses rivages et chercher un refuge aux Baléares comme l'italien en Sardaigne, le vaisseau français, en route pour Marseille, navigue toujours dans des eaux étrangères et en temps de guerre ennemies. Guerre avec l'Espagne, les Baléares lui barrent la route d'Algérie en France ; guerre avec l'Italie, c'est la Sardaigne qu'il trouve embusquée sur son passage. Il faut que la patrie aille au-devant de lui pour le reconnaître, le protéger et le convoyer ; il faut que la patrie se jette à l'eau, s'avance dans la mer à la rencontre de son enfant en détresse ; elle a fait un pas jusqu'en Corse, il faut qu'elle fasse encore un pas jusqu'en Sardaigne.

II

Contemplons ce bassin de la Méditerranée qui baigne l'Algérie, le Languedoc et la Provence, la vieille et la nouvelle France, l'européenne et l'africaine. Il y a des siècles, avant l'histoire, avant l'homme peut-être, elles n'étaient pas séparées, elles se touchaient. Ce sont les révolutions du globe, des bouleversements titaniques qui ont creusé ce fossé et arraché l'une à l'autre l'Europe et l'Afrique. Deux groupes d'îles, les Baléares, la Sardaigne et la Corse, sont l. seuls témoins restés debout de ces révolutions de la matière, comme les anneaux brisés de la chaîne qui unissait alors les deux continents.

La France possède un de ces anneaux déjà : la Corse, le moins important pour ses communications avec l'Algérie ; sa politique doit être d'arriver à posséder les deux autres, les Baléares et la Sardaigne. Je sais que ce que je propose peut étonner, beaucoup ne comprendront pas ; il n'est pas question ici de frontières naturelles. Comme je crois que le Rhin ne peut pas nous appartenir, parce que le mouvement de la vie nationale française s'en éloigne et qu'il est devenu le centre de la vie nationale allemande, je crois que les Baléares et la Sardaigne nous appartiendront un jour, parce que ces îles sont dans le sens du développement prochain de la France, et deviendront indispensables à sa grandeur et à sa sécurité. Sans doute, le Rhin appartenait à la Gaule, mais l'Allemagne s'est versée sur la France et a couvert oute la vallée du grand fleuve; ne remontons pas les courants, descendons-les. Un fleuve français nous reste, qui, dans l'histoire de l'avenir, est appelé à jouer un rôle plus grand que le Rhin dans l'histoire du passé, c'est le Rhône; suivons-le, il nous porte à la Méditerranée. Qu'importe que la Sardaigne, que les Baléares, ne soient pas géographiquement à la France (et géographiquement à qui sont-elles?), si Marseille, si Alger, créent dans cette mer un foyer d'attraction plus puissant que Naples et Gênes, Barcelone et Cadix? Ainsi nous avons dans nos frontières naturelles les îles Normandes, françaises de race, françaises de langue, qui, cependant, marchent avec l'Angleterre et s'en trouvent bien. Pourquoi? parce que dans la Manche l'Angleterre exerce une attraction maritime bien supérieure à celle de la France, parce que la Normandie n'offre aucun débouché aux produits des îles, qui sont les mêmes que les siens; de même que l'Italie et l'Espagne n'en peuvent offrir aucun aux Baléares et à la Sardaigne, tandis qu'au contraire la France et l'Angleterre réciproquement offrent un débouché considérable à ces îles étrangères, précisément parce qu'elles sont étrangères, parce que *naturellement* elles n'ont ni le même sol, ni le même climat; de sorte qu'en vertu même des frontières naturelles, les îles Normandes ont intérêt à être anglaises, de même que les îles Baléares et la Sardaigne auraient intérêt à marcher avec la France.

Nous voici arrivé au sujet de notre thèse, —annexion

de la Sardaigne, — arrivé par un long détour. Nous ne mentionnons les Baléares que pour le principe, pour indiquer le but, l'idée ; car évidemment nous ne pouvons songer à les demander gracieusement à l'Espagne, ni à les lui arracher par la force : une guerre coûtant toujours plus qu'elle ne rapporte, même quand elle rapporte ce qu'on s'en est promis. Mais si l'Espagne vous demandait jamais un coup d'épaule, soit de venir au secours de ses embarras intérieurs et financiers, d'ouvrir notre bourse à sa détresse, ou de pousser à l'unité ibérique comme nous avons poussé à l'unité italienne, alors nous aurions le droit de lui dire : Service pour service, donnez-nous les Baléares. C'est ce que nous avons le droit de dire à l'Italie. Tout gobe-mouches que nous sommes, nous ne voudrions pas encore avoir fait tant de sacrifices pour l'Italie, l'avoir couverte de notre protection pendant toutes les phases de son mouvement annexionniste, avoir élevé de nos mains la seule puissance qui puisse être notre rivale dans la Méditerranée, sans quelques compensations en retour. L'Italie a sept cents lieues de côtes dans la Méditerranée ; sa marine marchande, comme matériel de navires et personnel de matelots, y est la plus considérable et dépasse de beaucoup la nôtre ; élever une pareille puissance quand on se souvient de Gênes la Superbe et de Venise la Dominante, et ne pas prendre ses précautions contre elle, ne pas lui demander des garanties, c'est abdiquer. Or, on peut demander beaucoup de sacrifice au peuple français, on peut lui demander des folies héroïques pour une cause qui lui est sympathique ; mais si l'on veut que le dévouement garde encore quelque prestige, il faut qu'il ne soit pas payé d'une déchéance immédiate, il faut que la grandeur de l'Italie ne soit pas l'abaissement de la France.

Il est certain que l'annexion de Nice et de la Savoie n'a pas fait équilibre, comme compensation de la Lombardie : elle pouvait suffire, elle était prévue historiquement depuis longtemps par la politique de la France et de la maison de Savoie. La Lombardie n'était que le prélude d'une foule d'annexions qui va se terminer par l'unification complète, avec l'annexion de la Vénétie. L'Italie sait elle-même qu'elle doit beaucoup à la France, et c'est pour cela qu'elle devient si chatouilleuse à notre égard. Quelle compensation va-t-elle nous offrir? Qu'allons-nous lui demander? Sera-ce dans le sens continental? sera-ce, au contraire, dans le sens maritime où la seule annexion possible est la Sardaigne? sera-ce la vallée d'Aost, dont la population est française, comme dans la plupart des vallées supérieures du Piémont? Poussera-t-on jusque-là le principe des nationalités, et, en vertu de ce principe, qui a si bien servi à l'Italie, qui a fait sa fortune et sa grandeur, qu'elle ne peut désavouer, *proles non infitianda parenti*, comme nous disions en vers latins, la France s'appuyant sur la race, sur la langue, sur l'histoire, va-t-elle s'établir à cheval sur les Alpes et en devenir le portier? C'est là que mènerait la conséquence rigoureuse du principe : la vallée d'Aoste, toute française, pousse presque jusqu'à Turin; Pignerol, notre ancienne forteresse, est française aussi dans ses environs; notre race et notre langue entrent comme un coin dans l'unité italienne et font des accrocs à sa jeune frontière. Il

faut un compromis: l'Italie n'est plus chez elle, si 	is
sommes à Pignerol ; si nous sommes dans la vallée d'Aoste,
nous menaçons son indépendance et sa sécurité : qu'elle
garde donc les populations françaises du Piémont, leur
territoire étant indispensable à sa sécurité continentale;
mais qu'elle nous donne la Sardaigne, qui est indispensable
à notre sécurité maritime.

Contre une puissance maritime, il faut des garanties ma-
ritimes. L'Italie ne sera jamais pour la France un sérieux
danger sur le continent, les Alpes sont entre nous et elle;
ce n'est pas par là qu'elle pourrait nous menacer. C'est par
Gênes, par Civita-Vechia et par Naples, par Cagliari surtout. La Sardaigne commande l'Algérie, c'est une position
offensive entre les mains de l'Italie; elle n'augmente pas sa
sécurité, mais elle menace la nôtre. Abandonnons-lui les
populations françaises du Piémont; laissons entre ses mains
des positions qui, sans accroître beaucoup notre force, com-
promettraient son indépendance; mais, en retour et pour
prix des services que nous lui avons rendus depuis 1859
jusqu'à cette guerre, demandons-lui la Sardaigne, demandons-lui le sacrifice d'un péril qui n'est pas pour elle une
sécurité.

Sans doute, la Sardaigne est italienne, comme les vallées du Piémont, comme la vallée d'Aoste sont françaises.
Italienne! l'est-elle plus que Nice, plus que la Corse?
Plus que Nice, ancienne colonie massaliote, que la
Corse, avec laquelle elle a partagé le sanglant honneur de
servir de champ de bataille aux Romains, aux Carthagi-
nois? Quelle race habite la Sardaigne? italienne, pélagique

ou kabyle? A quel continent appartient-elle? Europe ou Afrique? Se ramifie-t-elle aux Apennins, ou à l'Atlas? Questions difficiles à résoudre, sa population et sa langue étant peu connues. Elle est devenue italienne par la conquête romaine, comme la Gaule, comme l'Italie, comme l'Espagne. Avant, elle avait été carthaginoise. Au moyen âge, nous la verrons sarrazine, aragonaise; dans les temps modernes, espagnole, autrichienne, piémontaise enfin. Certes, c'est assez singulier que la France demande à l'Italie le sacrifice des provinces qui ont été le berceau de son unité, mais cela n'est pas inconséquent, ce sont les moins italiennes; la Savoie ne l'est pas du tout, ni par la race, ni par la langue. Par l'histoire, elle ne s'y rattache pas non plus; elle n'est ni italienne, ni française; elle est savoyarde, ayant toute une existence à part avec ses ducs. Il en est de même de la Sardaigne; on peut la détacher sans mutiler l'Italie, sans déchirer une seule page de son histoire, où la Sardaigne n'a pas une ligne, et c'est la meilleure preuve que les deux pays sont étrangers l'un à l'autre. Au contraire, toucher à une province, à une ville du continent, ce serait mutiler toute l'Italie. Vous ne pouvez pas la concevoir sans Venise, non plus que sans Gênes; vous pouvez à peine la concevoir sans Nice; car, si les deux Blanqui et Masséna sont des personnalités essentiellement françaises, la personnalité italienne de Garibaldi les efface, et Nice appartient désormais à l'histoire de l'Italie par cet homme, comme la Corse à l'histoire de la France par Napoléon. Qu'on me trouve un grand homme sarde dont la gloire soit italienne? Peut-être Tigellinus, le chanteur d'Horace, Tigellinus *ab ovo.* La Sardaigne est excentrique à l'Italie comme à l'Europe, elle est restée en dehors de la civilisation européenne, ce qui prouverait que sa population appartient plutôt à l'Afrique. Il y a dans cette île un poids que l'Italie n'a pu soulever, dans sa population une inertie qu'elle n'a pu vaincre. Comme elle a échoué devant l'énergie des Corses, elle n'a pu rien faire de l'apathie des Sardes.

Ce que nous disons n'est pas sans réserve : il y a en Sardaigne, à Cagliari et dans les villes de la côte, une bourgeoisie très-éclairée, qui marche avec le mouvement italien ; mais il est incontestable que la masse de la population dans l'intérieur est indifférente et apathique. Telle qu'elle est et prise en masse, la Sardaigne est certainemement une des populations les plus arriérées de l'Europe.

Belle annexion! dira-t-on ; sans doute, et précisément parce qu'elle est arriérée, elle n'offrira pas de résistance. Nous lui sommes infiniment supérieurs et, par conséquent, nous la dominerons par l'influence morale ; c'est l'histoire des conquêtes de la Révolution comme des conquêtes de la monarchie. On n'avait pas recours alors à la formalité du suffrage universel ; le droit de conquête suffisait aux besoins du droit européen. Cette procédure valait bien la nouvelle. Lille, conquise sur le roi d'Espagne par Louis XIV et, quarante ans après, menacée par la coalition, se défend héroïquement avec Boufflers ; elle est déjà aussi française que sous la Révolution. La Corse, qui nous est cédée par Gênes, accueille avec des coups de fusil notre petite armée d'occupation ; on peut croire que la France ne pourra, comme

Gênes, s'y maintenir qu'à force de luttes sanglantes? Pas du tout; la Corse se calme, devient la plus fidèle des provinces; elle a senti dans la France une attraction et une idée qui la dominent. C'est là la vraie loi de la conquête, la force et le suffrage y signifient peu. Il s'agit d'être supérieurs à la population que l'on annexe. Nous avons en Europe la démonstration vivante de ce principe : l'Autriche n'a pu garder les provinces italiennes; elle est en délicatesse avec la Hongrie, avec la Bohême, où les populations sont relativement égales à ses populations allemandes. Jamais elle n'a l'ombre d'une difficulté avec les populations les plus arriérées de l'empire : Transylvains, Galliciens, Croates. Qu'importera au mineur, au bûcheron de la Sardaigne, à cet homme demi-barbare qui ne s'est pas encore élevé à l'idée de patrie, que sa capitale soit Paris ou Rome? Son marché, Naples ou Marseille, si la France offre un plus vaste débouché à ses produits, si l'industrie française transforme son sol et en double la valeur?

Peu nous importerait à nous, possesseurs de la Sardaigne, qu'elle nous coûtât plus qu'elle ne rapporte; c'est une dépense militaire, et combien de cette nature sont absolument stériles! C'est une citadelle dans la Méditerranée, où nos vaisseaux trouveraient un abri continuant la Corse, comme la Corse continue Toulon. Mais la Sardaigne n'est pas pauvre, elle est riche au contraire, riche de richesses inexploitées, de son sol fertile, de ses forêts presque vierges, de ses mines de fer à peine effleurées; des forêts et des mines, du fer et du bois, c'est la condition essentielle d'une grande position navale. Si la France établit un arsenal en

Sardaigne, si pour mieux saisir l'Algérie, elle allonge jusqu'à Cagliari sa main qui est à Toulon, le nouvel arsenal
pourra se suffire à lui-même avec les ressources du pays,
et trouver auprès de lui tous les matériaux nécessaires à
la réparation et à l'équipement des flottes.

Les richesses forestières et minérales de la Sardaigne
sont déjà connues; de grandes maisons françaises y ont
fondé des établissements métallurgiques, et peut-être que
cette industrie en souffrance pourrait y puiser de nouvelles
forces et en tirer un puissant renfort. L'Italie n'a pu en rien
faire, le Piémont portant toutes ses forces sur le continent
pour lutter contre l'Autriche; ensuite la crise de l'unité.
qui n'est pas terminée et dont les finances italiennes se res-
sentiront longtemps encore. Dans ces conditions, l'Italie est-
elle capable de l'œuvre de civilisation qui doit s'accomplir
en Sardaigne? Non, la France seule peut le faire, seule elle
peut employer à cette grande œuvre la double force que lui
donnent les finances de l'État et le capital de l'industrie
privée. Celle-ci y est déjà établie; toujours hésitante sur la
terre étrangère, elle aura plus d'audace, plus d'initiative
une fois qu'elle se sentira chez elle, sur son terrain; elle
n'hésitera pas à faire dans le présent des dépenses et des
sacrifices que lui remboursera au centuple un avenir désormais assuré; et la France qui, quand il s'agit de l'intérêt
de sa grandeur, n'a jamais su reculer devant un sacrifice,
y jettera, s'il le faut, millions sur millions pour en faire
l'avant-bras de sa puissance dans la Méditerranée.

Avons-nous atteint notre but? avons-nous fait accepter
la compensation que nous demandons exclusivement à toute

autre? Compensation contre l'Italie, dira-t on ; mais contre
la Prusse? Compensation contre l'Italie, ce n'est pas dou-
teux ; nous l'affaiblissons déjà de toutes les forces que nous
lui ôtons ; lui demandant la Sardaigne, qui est sa position
offensive contre nous, pour en faire la base de notre système défensif dans la Méditerranée. Avec la Sardaigne,
notre situation est aussi forte que celle de l'Italie ; plus éten-
due, mais interrompue et brisée en certains endroits par la
mer. Nous avons une ligne presque continue des côtes de
Port-Vendres à la frontière du Maroc, formant un trapèze
dont la Sardaigne et la Corse seraient la base ; la côte de
France et d'Algérie les deux montants : nous serions désormais vis-à-vis de l'Italie comme elle est vis-à-vis de la
France. — Sécurité au midi, grande force au nord.

Car, dans notre pensée, les positions purement militaires
sont peu de chose ; elles n'ont d'importance pour nous qu'au
point de vue défensif, pour couvrir et protéger les intérêts
pacifiques. Avec la Sardaigne, l'Algérie est unie à la France,
il n'y a plus moyen de l'en séparer. La Corse et la Sardaigne sont dans la Méditerranée comme un pont cyclopéen
en ruines ; la pile du milieu a disparu et les piles des
extrémités ont sombré avant d'atteindre les deux bords.
Maîtres des piles, nous trouverons toujours moyen de passer. Entre deux tempêtes, une flotte peut filer de Toulon en
Corse comme de Sardaigne en Algérie. Une guerre maritime avec l'Angleterre, même aussi désastreuse que celles
de la Révolution et de l'Empire, ne pourrait nous empêcher
de faire passer en Algérie, régiment par régiment, toute
une armée ; sautant de Corse en Sardaigne, de Sardaigne à

la Calle, sautant la Méditerranée de pierre en pierre comme un enfant saute un ruisseau. Même dans les conditions les plus désastreuses, la Sardaigne garantit l'Algérie contre une capitulation d'El-Arisch. De pareilles garanties sont plus importantes au point de vue pacifique qu'au point de vue militaire. Avant de créer une entreprise en Algérie, bien des gens ont regardé derrière eux et se sont demandé : Sera-ce comme en Égypte, bloqués par l'Anglais en lutte avec l'Arabe, sans secours possible de France ? Devrons-nous abandonner une terre si péniblement conquise ? et, devant cette perspective, les timides ont reculé. La Sardaigne, nous le disons, et les incrédules peuvent consulter la carte, rive définitivement l'Algérie à la France. Bien fort qui briserait pareil anneau. Elle vaut une armée de 100,000 hommes en Algérie, non dans l'hypothèse d'une insurrection arabe, mais dans celle autrement sérieuse d'une guerre européenne. C'est un élément de force, mais c'est surtout un élément de sécurité.

Sécurité pour l'Algérie. Sécurité pour la France, dont elle devient l'avant-garde, la sentinelle dans la Méditerranée. C'est elle, la première, qui viendra reconnaître le navire français venant des mers lointaines ; il retrouve son pavillon, il se sent sous la main, sous la protection de la patrie. Ainsi, la France vient au-devant de lui quand il arrive ; elle lui fait la conduite encore à son départ ; aux premières étapes, les plus pénibles, elle le suit en Corse, en Sardaigne, l'accompagne, le salue, lui dit au revoir. Ainsi, comme Gênes, comme Barcelone, sont couverts par le prolongement de la côte italienne et espagnole, la Provence est couverte et prolongée par la Sardaigne. Or, la Provence est le plus grand intérêt maritime du pays, c'est Marseille, c'est plus encore, c'est l'embouchure du Rhône.

Le Rhône et le Danube sont les deux seuls fleuves de la Méditerranée européenne qui puissent servir d'instrument à une navigation fluviale considérable. Le Danube, plus long que le Rhône, aboutit à un bassin beaucoup moins favorable. Mais jusqu'ici le Rhône a été inutile : c'est un fleuve fermé, il n'entre pas dans la mer. Seuls les Romains l'avaient débouché, paraît-il, et c'est là l'explication de la grandeur de l'Arles romaine. Le canal de Saint-Louis, une fois terminé, par les mêmes causes, ramènera les mêmes effets. Comme l'Arles des Romains, le port que l'on va créer sur le Rhône ou dans l'étang de Berre dépassera Marseille tôt ou tard, et aucun port de la Méditerranée ne pourra rivaliser avec lui. Car il mariera la navigation fluviale et la navigation maritime ; il sera le grand port méditerranéen de l'Europe occidentale, de ce grand atelier de travail et de production. Ce port touchera à tout. Par le Rhône, il atteint Lyon, la seconde ville de France, la métropole des Gaules; par la Saône, il plonge dans les profondeurs du pays ; il s'embranche sur la Seine, sur le Rhin, sur le Danube. Là, entre l'Allemagne, la Belgique, la Hollande, la Suisse et la France, sera la voie navigable la plus fréquentée de toute l'Europe, qui, par l'importance même de son transit, ira se perfectionnant, se ramifiant, s'étendant tous les jours, et cet immense mouvement de voyageurs et de marchandises viendra aboutir au port aujourd'hui inconnu, innommé, qui s'élèvera sur le canal ou dans l'étang de Berre.

Ce jour-là, l'équilibre de la France sera parfait ; le Midi n'aura rien à envier au Nord en richesse, en puissance, en énergie de travail. Alors, la France sera complète ; elle ne boitera plus, elle sera inébranlable sur sa base. Alors, elle sera double ; européenne par Paris, méditerranéenne par Marseille et le Rhône. Alors sa dangereuse puissance offensive, son énergie d'explosion qui la fait éclater comme une bombe et traverser l'Europe comme un boulet, sera soutenue et contenue par une force défensive au moins égale, qui, au jour de la retraite, pourra fermer à l'ennemi les portes de la place. Que Paris capitule alors, la France se retirera à Lyon, à Marseille : sa base d'opérations deviendra le Rhône ; c'est l'épine dorsale de la France, a dit Michelet ; c'est lui qui fait son bien, son harmonie, sa sympathie, unissant le Nord au Midi par le long ruban de ses rivières, par les bons vins de sa vineuse Bourgogne. Alors, il sera la vraie force de la France ; il en sera le dieu protecteur : la manœuvre de Saint-Dizier deviendra fatale à l'ennemi marchant sur Paris ; par chemins de fer, par bateaux à vapeur, toute la vallée du Rhône remonterait, les masses provençales, dauphinoises, languedociennes, auvergnates, tout ce sud-est de la France qui n'a pas dit son mot en 1814, viendrait fraterniser avec la Champagne, l'Alsace et la Lorraine sur les champs de bataille de la patrie en danger.

Nous voici bien éloignés de la Sardaigne, et pourtant nous n'avons pas cessé de suivre rigoureusement notre pensée. Le lecteur l'a-t-il entrevue ? Avons-nous besoin de conclure ? de lui donner l'explication, le sommaire de notre pensée, et, comme conclusion à la dernière page, mettant la charrue devant les bœufs, ce qui aurait dû être exposition à la première ? Ce que nous voulons dire, le voici : il est inutile de fortifier le Nord, parce qu'il est assez fort par lui-même, ainsi que le prouve notre histoire ; parce que la Prusse même entraînant l'Allemagne ne constitue pas sur sa frontière un danger plus grand que les anciennes coalitions qu'il a si souvent vaincues ; parce qu'aujourd'hui avec les chemins de fer la France peut porter toutes ses forces au même jour sur un même point. Le Midi, au contraire, est faible, incapable de résister par lui-même, le Nord étant vaincu ; donc c'est là qu'il faut fortifier la France, là étant sa faiblesse. Mais si la Prusse ne dérange pas l'équilibre des forces vis-à-vis la France qui a déjà lutté avec succès contre la Prusse, contre l'Allemagne et l'Autriche, si même, les derniers événements ayant révélé plus que jamais, et ayant eu pour but de déterminer la rivalité de la Prusse et de l'Autriche, il devient désormais évident que jamais ces deux puissances ne seront dans le même camp pour combattre ensemble contre la France, l'unité italienne constitue pour nous un danger sérieux, imprévu, et élève contre notre Midi si faible une puissance militaire de premier ordre : elle détruit l'équilibre dans la Méditerranée, et nous y suscite une rivale. Armés contre la Prusse, contre l'Allemagne, vieille voisine, vieille ennemie avec laquelle nous avons rompu plus d'une lance, nous ne l'étions pas, nous ne pouvions pas l'être contre cette Prusse du Midi, qui, il y a six ans, n'existait pas encore, et qui dès aujourd'hui est, après la France, la deuxième puissance militaire dans la Méditerranée. Donc, pas d'annexion sur la frontière prussienne, puisque notre situation n'a pas changé ; mais annexion contre l'Italie qui a déplacé l'équilibre des forces, non contre l'Italie continentale à laquelle nous laisserons les vallées du Piémont, mais contre l'Italie maritime à laquelle nous demandons la Sardaigne.

Paris.—Typ. de Rouge frères, Dunon et Fresné, rue du Four-Saint-Germ., 43.

www.ingramcontent.com/pod-product-compliance
Ingram Content Group UK Ltd.
Pitfield, Milton Keynes, MK11 3LW, UK
UKHW021027120726
13693UKWH00005B/2240